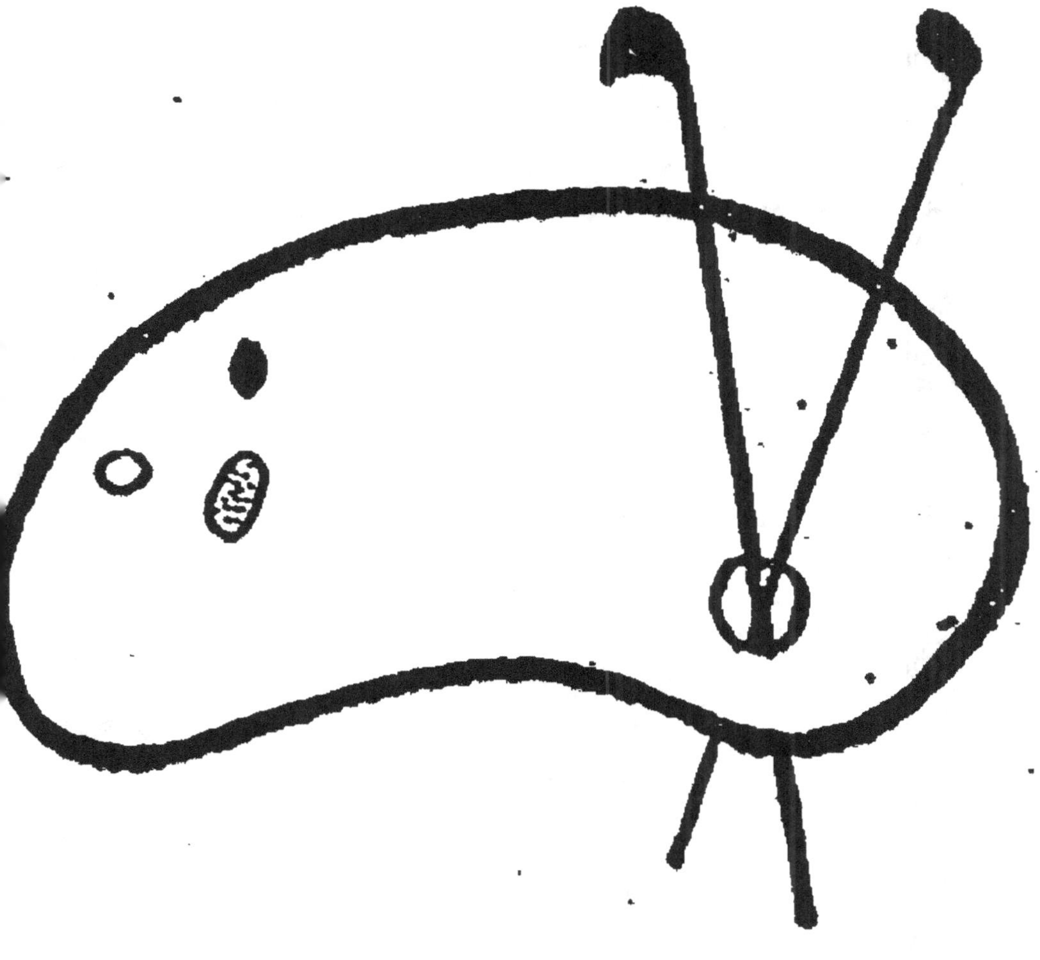

DEBUT D'UNE SERIE DE DOCUMENTS
EN COULEUR

9 décembre 1850

CATALOGUE
DES
OBJETS D'ART

Statues, Groupes, Vases et Bustes en marbre,
Ivoires sculptés, Émaux, Vitraux, Matières précieuses,

TABLEAUX,
Dessins, Gravures et Livres,

Qui composent la Galerie et le Cabinet de M. ODIOT père.

DONT LA VENTE AURA LIEU

PAR SUITE DE SON DÉCÈS,

EN SON HÔTEL,

Rue de l'Oratoire-du-Roule, 20,

Les Lundi 9, Mardi 10, Mercredi 11, Jeudi 12, Vendredi 13, Samedi 14, Lundi 16, Mardi 17, Mercredi 18 et Jeudi 19 Décembre 1850, onze heures du matin.

Par le ministère de M**ᵉˢ BONNEFONS DE LAVIALLE** et **DUCROCQ**, Commissaires-Priseurs à Paris,

Assistés de M. **MANHEIM**, expert pour les Curiosités,

Et de M. **DEFER**, pour les Gravures, Dessins, Tableaux, et Livres à Figures.

EXPOSITION PUBLIQUE

Les Vendredi 6, Samedi 7, et Dimanche 8 Décembre, de midi à quatre heures.

CE CATALOGUE SE DISTRIBUE

Chez MM.
- BONNEFONS DE LAVIALLE, rue de Choiseul, 11.
- DUCROCQ, rue des Bons-Enfants, 26.
- MANHEIM, rue de la Paix, 10.
- DEFER, quai Voltaire, 21.

A Londres : chez Mess. Christy et Me.

1850

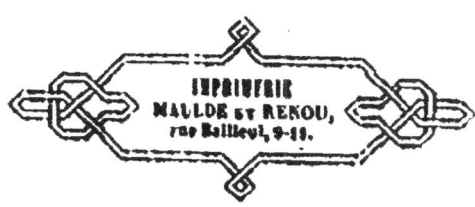

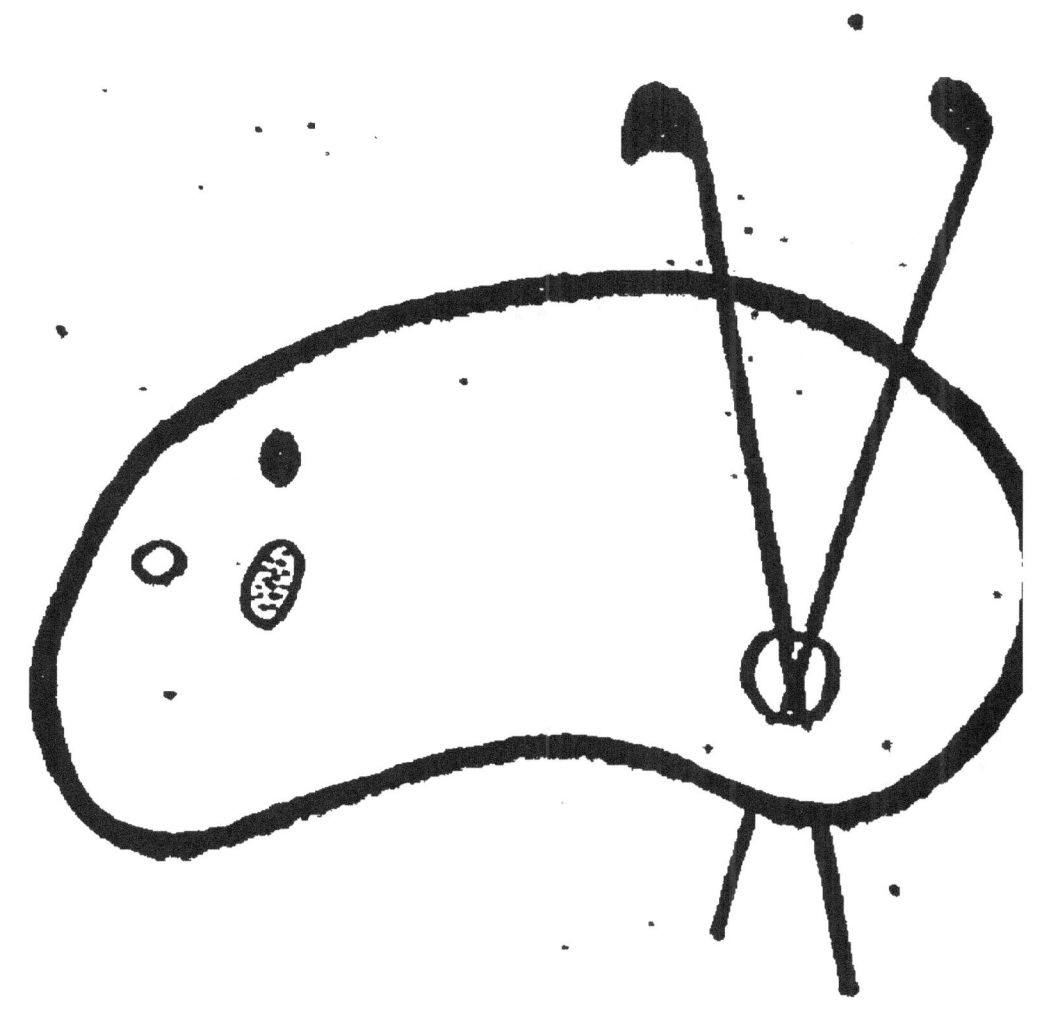

FIN D'UNE SERIE DE DOCUMENTS EN COULEUR

CATALOGUE
DES
OBJETS D'ART

**Statues, Groupes, Vases et Bustes en marbre,
Ivoires sculptés, Émaux, Vitraux, Matières précieuses,**

TABLEAUX,

DESSINS, GRAVURES ET LIVRES,

Qui composent la Galerie et le Cabinet de M. ODIOT père.

DONT LA VENTE AURA LIEU

PAR SUITE DE SON DÉCÈS,

EN SON HOTEL.

Rue de l'Oratoire-du-Roule, 20,

Les Lundi 9, Mardi 10, Mercredi 11, Jeudi 12, Vendredi 13, Samedi 14,
Lundi 16, Mardi 17, Mercredi 18 et Jeudi 19 Décembre 1850,

ONZE HEURES DU MATIN,

Par le ministère de Mes **BONNEFONS DE LAVIALLE** et **DUCROCQ**, Commissaires-Priseurs à Paris,

Assistés de M. **MANHEIM**, expert pour les CURIOSITÉS,

Et de M. **DEFER**, pour les GRAVURES, DESSINS, TABLEAUX, et LIVRES A FIGURES.

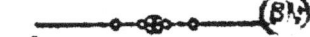

EXPOSITION PUBLIQUE

Les Vendredi 6, Samedi 7 et Dimanche 8 Décembre, de midi à quatre heures.

CE CATALOGUE SE DISTRIBUE

Chez MM. { **BONNEFONS DE LAVIALLE**, rue de Choiseul, 11,
DUCROCQ, rue des Bons-Enfants;
MANHEIM, rue de la Paix, 10;
DEFER, quai Voltaire, 21;
A LONDRES, chez Mess. **CHRISTY** et M^e.

—

1850

CONDITIONS DE LA VENTE.

Elle sera faite au comptant.

Les acquéreurs paieront, en sus des adjudications, 5 pour cent applicables aux frais.

DÉSIGNATION
DES OBJETS.

1ʳᵉ VACATION.

Lundi, 9 décembre.

PORCELAINES ET BRONZE.

1 — Six tasses et soucoupes Chine.
2 — Quatre tasses et soucoupes Chine.
3 — Deux petits vases porcelaine de Chine, bleu de roi.
4 — Un plat à barbe, un plateau et un vase à anse forme étrusque, en porcelaine.
5 — Trois théières, terre de Bocaro.
6 — Un bougeoir et un flambeau, forme chimère, bronze doré.
7 — Deux presse-papier, amours en bronze.
8 — Deux flambeaux chimères, en bronze et un autre à deux branches

9 — Deux presse-papier, amours cueillant des fleurs, en bronze.
10 — Deux presse-papier, un porc épic et une chèvre broutant, en bronze.
11 — Trois théïères, terre de Bocaro.
12 — Deux figurines en bronze Amour et Psyché et Hygie.
13 — Trois pièces en bronze, un presse-papier, âne itiphalique bâté, un cype, ornements en relief et un Priape.
14 — Trois théïères en terre de Bocaro.
15 — Une coupe brûle parfum en bronze.
16 — Deux grands flambeaux en bronze, style de l'Empire.
17 — Un bougeoir et une coupe en porcelaine de Chine, montés en cuivre doré.
18 — Une cuvette et un pot à eau en terre vernie de Creil, imitant le bronze, ornements en relief doré en partie, et un écritoire, biscuit, enfant monté sur un dauphin.
19 — Deux candélabres à trois lumières, en bronze.
20 — Deux presse-papier, boule dogue en bronze, sur socle en marbre blanc garni de cuivre doré.
21 — Deux bustes d'enfants, Jean qui rit et Jean qui pleure, sur fûts de colonne marbre bleu turquin.
22 — Cérès, figure assise en bronze.
23 — Diane et Apollon, figurines en bronze sur fûts de colonne en porphyre rouge oriental.

24 — Un pot pourri, laque rouge, monture Louis XV, cuivre doré.
25 — Deux petits vases en porcelaine de Saxe.
26 — Deux petits vases en porcelaine de Chine, pans coupés, ornements en relief.
27 — Quatre figurines allégoriques, modèles en plomb finement exécutés.
28 — Une écritoire en bronze, époque de l'Empire à trophée d'armes et une sonnette.
29 — Un plat en porcelaine du Japon et un pot en porcelaine de Chine.
30 — Deux petits vases, porcelaine de Paris, bleu clair à médaillon, montés en cuivre doré.
31 — Une écritoire en bronze, époque de l'Empire, orné de deux figurines, Génie et Apollon.
32 — Un groupe en bronze, fleuve et Naïades, époque de l'Empire.
33 — Vénus et l'Amour sortant d'une conque, style Louis XVI.
34 — Un modèle de flambeau en bronze, finement ciselé.
35 — Deux petits vases, bouteilles carrées porcelaine de Chine, fond blanc et fleurs, montés en cuivre doré.
36 — Deux petits mandarins, porcelaine de Chine, costume, robe noire à ornements vert-clair.

37 — Un groupe en porcelaine de Saxe, éléphant portant un prince indien et un Nègre, sur socle rocaille, bronze doré.
38 — Un groupe équestre en bronze, Marc-Aurèle.
39 — Deux grands vases en porcelaine de Chine, céladon, ornements blancs en relief.
40 — Deux groupes en bronze, chevaux de Marly.
41 — Un cornet en porcelaine de Saxe à ceps de vigne, raisins, amours et oiseaux en relief.
42 — Une pendule, l'Étude (style Louis XVI), dorée au mat et figurines en bronze.
43 — Deux flambeaux, génies portant des lumières.
44 — Une paire de candélabres rocaille, bronze doré, ornés de perroquets et fleurs en porcelaine de Saxe.
45 — Une grande et belle pendule, époque de Louis XVI en bronze ciselé et doré, ornée de deux figures de femme en bronze vert antique, mouvements à seconde, de Lepaute.
46 — Une figurine en Saxe, marchande de macarons.
47 — Une écritoire en porcelaine de Sèvres pâte tendre, fond vert, médaillon, perroquet, monté cuivre doré.
48 — Un petit vase pâte tendre, à anses, cannelés, bleu turquoise sur fond blanc à fleurs.

49 — Une tasse en Sèvres à couvercle pâte tendre, fond bleu de Vincennes, médaillon à oiseaux.

50 — Une écuelle, couvercle et plateau, pâte tendre, fond blanc, ornements bleus doré.

51 — Une grande écuelle couvercle et plateau, pâte tendre, ornements, variés de couleurs.

52 — Deux vases porcelaine de Sèvres, pâte tendre, fond bleu-turquoise, médaillon à roses, monture en bronze doré au mat.

53 — Un vase en Sèvres, fond gros-bleu.

54 — Un grand vase en porcelaine de Saxe, sujet de chasse en ronde bosse.

55 — Deux autres beaux vases, forme aiguière en porcelaine de Saxe, à sujets en ronde-bosse, Junon et Jupiter avec leurs attributs.

56 — Une glace à contours à cadre en porcelaine de Saxe, ornements rocaille enrichis de petits génies, oiseaux et fleurs en ronde-bosse.

57 — Deux girandoles à deux lumières en porcelaine de Saxe à ornements variés.

58 — Une console forme contournée, porcelaine de Saxe, supportée par un pied composé d'un arbrisseau dans les branches duquel une perdrix, un singe et un oiseau de proie.

La tablette de la console fond-blanc est

ornée d'une guirlande de fleurs et un sujet chinois au milieu.

59 — Quatre tabourets de jardin en terre de Chine verni, céladon, forme balustre hexagone et ornements à jour (ils seront vendus par deux).

60 — Deux potiches, porcelaine du Japon, bleu, rouge et or.

61 — Deux autres potiches de grande dimension, fond blanc, dessins bleu, rouge, etc.

62 — Une très grande potiche, fond bleu, dessins bleus.

63 — Un très grand vase en porcelaine anglaise, fond gros bleu, ornements de couleur et doré en partie.

64 — Deux tableaux peints sur porcelaine, par Sweback, Desfontaine père, sujets de batailles.

65 — Deux groupes en bronze, figures allégoriques, la Justice et la Vérité, les trois Grâces assises.

66 — Statuette en bronze, figure de femme debout.

67 — Une assiette et un présentoir en émail de Chine, riches de dessins et variés de couleurs.

68 — Deux modèles d'aiguière en bronze, époque de l'Empire.

69 — Une cuvette et un pot à eau en porcelaine de Chine.

70 — Deux bustes en bronze, Henri IV et Sully sur socle en marbre bleu-turquin.
71 — Un très joli groupe en terre de Lorraine, composé de trois figures, Bélisaire reconnu par un de ses soldats.
72 — Deux petits bustes en bronze, Diane et Apollon, d'une fonte ancienne, très légère.
73 — Deux petites chimères porcelaine de Chine, émaillés rouge, sur socle en cuivre doré.
74 — Un buste en bronze, Mirabeau.
75 — Deux petites jardinières, contenant des branches de lys, en porcelaine de Saxe.
76 — Femme romaine assise, bronze, époque de l'Empire.
77 - Statuette de bronze, l'empereur Napoléon.
78 — Deux petits vases, porcelaine de Chine, céladon vert, montés en cuivre doré.
79 — Petit groupe en bronze, le baiser d'Houdon, sur socle bleu-turquin.
80 — Deux petites salières, enfants assis entre deux corbeilles, l'une en porcelaine de Saxe, l'autre en porcelaine d'Allemagne.
81 — Un trépied en bronze, composé de trois figures d'Atlas.
82 — Un joli petit groupe en porcelaine de Saxe, enfants s'occupant de peinture et de sculpture.
83 — Un groupe en bronze, fondu sur terre cuite de Clodion, finement ciselé, Bacchante jouant des cymbales et dansant, et un pe-

tit Faune sur socle en porphyre oriental rouge.

84. — Un joli vase, forme Lisbé, porcelaine du Japon, bleu, rouge et or.

85 — Un groupe en bronze, d'une fonte légère, Hercule étouffant Anthée.

86 — Un groupe en biscuit, le nid d'Amour.

87 — Deux jolies statuettes en bronze, Voltaire et J.-J. Rousseau.

88 — Deux figurines, porcelaine de Saxe, Faunes musiciens.

89 — Un groupe en bronze, Esculape et ses attributs.

90 — Deux jolies figures de Saxe, la marchande de fleurs et le jardinier.

91 — Deux statuettes équestres en bronze, François Ier et Louis XIV, sur socle, marbre vert de mer.

2e VACATION.

Mardi, 10 décembre.

OBJETS EN IVOIRE, ETC.

92 — Une écritoire et un gobelet en pierre de Laar sculptée.

93 — Deux pièces en bronze, une lampe chimérique et une divinité égyptienne.

94 — Une seringue en ivoire.

95 — Deux divinités indiennes en bronze.

96 — Deux petites figurines en bois sculpté, ancien costume ottoman.
97 — Une soupière en ancienne faïence, forme d'une poule et ses poussins.
98 — Un groupe en bois sculpté, personnages ivres.
99 — Deux verres anciens sur pied, dont un de Venise et l'autre allemand.
100 — Deux figures, lazaroni, bois et ivoire sculptés.
101 — Une divinité indienne en bronze.
102 — Une sonnette en ancien verre de Venise à filigrane blanc.
103 — Un petit plateau et une assiette en faïence de Faenza, fond bleu, ornements bleus.
104 — Trois figures, lazzaroni, ivoire et bois sculpté.
105 — Un plat ovale, Bernard de Palissy, naïade, fracturé.
106 — Un tour en l'air en ivoire sculpté et bois.
107 — Deux pièces en bronze florentin, un buste de femme et figure chimérique accroupie.
108 — Deux bas-reliefs en ivoire sculpté, sujets du testament; cadres en écaille à moulures de bois.
109 — Un hanap et un gobelet en verre de Venise, à filigrane verre de couleur.
110 — La fuite en Égypte, bas-relief en ivoire sculpté.
111 — Une divinité indienne, monument en bronze.

112 — Plateau à mascaron, par Bernard de Palissy.
113 — Une poire à poudre en ivoire sculpté, figures d'animaux, travail indien.
114 — Une médaille en bronze du xvi° siècle, de Philippe, archiduc d'Autriche, et un petit bas-relief de belle composition. Ces deux pièces sont enchassées dans des écussons en marbre blanc.
115 — Une figurine de femme couchée, bois sculpté.
116 — Deux gobelets avec pied et à anse, en verre de Venise, filets de couleur.
117 — Petit modèle d'une frégate en bois, et une figurine de femme en bois sculpté.
118 — Un gobelet et son couvercle en ancien verre craquelé.
119 — Un confessionnal en bois orné de figurines en ivoire sculpté.
120 — Un vase cuivre jaune, forme lampe, travail oriental, à inscriptions arabes.
121 — Un bas-relief en ivoire sculpté, homme et femme.
122 — Une coupe en verre de Venise à filigrane rouge et blanc.
123 — Petite figurine de femme accroupie servant de flacon, ivoire sculpté, posée sur un rocher en argent doré.
124 — Six anciens verres de Bohême à pans coupés, à sujets peints Louis XV.
125 — Modèle d'une frégate en ivoire sculpté.

126 — Une entrée de serrure et une targette en fer fondu et ciselé, époque des xve et xvie siècles.
127 — Une boule en ivoire, travail chinois, ouvrage de tour, dont plusieurs suspendues les unes dans les autres.
128 — Deux gobelets en verre, dont un de Bohême peint et l'autre à filigrane de Venise.
129 — Un groupe de trois figurines en ivoire sculpté, prises dans le même morceau. Les trois Grâces.
130 — Une figurine assise en rouge antique. Marchande de Phallus.
131 — La crucification, bas-relief sculpté en ivoire.
132 — Un vase cafetière, travail oriental, en cuivre ciselé, à ornements mauresques, anses et goulot, figures de dragons.
133 — Un oliphant en ivoire sculpté, travail oriental.
134 — Un verre de Venise à pied, fond vert, ornements dorés et à émaux.
135 — Le temple de la vertu, ronde bosse sculptée en bois par Bonzanigo.
136 — Une poire à poudre en bronze, à sujets de chasse et ornements ciselés en relief, et une cartouchière en bois incrustée d'ivoire gravé, monture en bronze doré et ornements en relief, xvie siècle.
137 — Une sainte Madeleine en ivoire sculpté d'après Canova.

138 — Deux tasses et leurs soucoupes en émail de Limoges, fond noir et à médaillons.
139 — Sainte Vierge et l'Enfant Jésus, groupe en ivoire sculpté.
140 — Deux salières en émail de Limoges, dont une par Jehan Courtois, sujets sur Paillon, l'autre, bacchanale, grisaille teintée.
141 — Deux statuettes, ivoire sculpté, saints agenouillés.
142 — Une pièce en émail de Limoges, une assiette, sujet de vendanges.
142 bis — Une coupe, émail de Limoges, restaurée.
143 — Un bas-relief ivoire sculpté, saint Jérôme dans le désert.
144 — Un hanap en émail de Limoges à médaillons, figures d'empereurs et Jupiter lançant la foudre, grisaille sur fond noir, 1537.
145 — Un vase sur piédouche, ivoire sculpté en ronde bosse, sujet tiré de la guerre des Turcs contre les Hongrois.
146 — Une aiguière, grisaille teintée, émail de Limoges.
147 — Deux statuettes ivoire sculpté, Sainte Vierge et Enfant Jésus, et un saint personnage disant la messe.
148 — Un tableau peint sur émail de Limoges, par Laudin, distribution d'aumônes aux pauvres par un saint personnage.
149 — Statuette ivoire sculpté, Jésus-Christ à la colonne.

150 — Deux tableaux forme ronde, émail de Limoges, grisaille teintée en partie, la moisson et sujet mythologique.

151 — Un groupe en ivoire, le roi Stanislas de Pologne foulant le génie de la discorde, sculpté par Louis Lucke, sur fût de colonne cannelée.

152 — Deux grands vases en faïence de Faenza sur piédouche en bronze, sujet, Moïse frappant le rocher, et le triomphe d'Amphitrite.

153 — Une petite poire à poudre ronde en ivoire sculpté, sujets de chasse en relief.

154 — Un petit tableau, émail de Limoges, chasse aux ours, peinture en grisaille.

155 — Deux groupes en ivoire sculpté en ronde bosse, composés chacun de trois figures, sujets mythologiques.

156 — Un grand plat en Faenza, encadré, sujet tiré de l'histoire sainte.

157 — Deux bas-reliefs, forme ovale, en argent repoussé et encadrés, sujets de l'histoire ancienne.

158 — Un vidercome, ivoire sculpté, sujet, bacchanal, monture en argent repoussé et doré.

159 — Deux bas-reliefs, forme ronde, en argent repoussé.

160 — Un cype, bacchanal d'enfants, ivoire sculpté, monture argent doré.

161 — Un cadre carré en argent ciselé et doré, surmonté d'une guirlande de fleurs en argent, et contenant un dessin.

161 bis — Un grand bas-relief, adoration des mages, en argent repoussé, carré et encadré.

162 — Un vase en ivoire sculpté, sujet tiré de la guerre de sept ans, monture et couvercle en vermeil repoussé.

163 — Un grand bas-relief en argent repoussé en ronde bosse, adoration des bergers, forme cintrée.

164 — Un vase, ivoire sculpté, sujet de chasse, monture en vermeil repoussé.

165 — Statuette en bronze florentin, femme assise.

166 — Un grand cype en ivoire sculpté en ronde bosse, sujet, bacchanal, monté en cuivre ciselé et doré.

167 — Un fauteuil pliant et à bras, en fer gravé et doré, travail du xve siècle, plusieurs ornements repercés à jour ont été ajoutés à une époque plus récente.

168 — Un très grand cype en ivoire sculpté en ronde bosse, les 3 grâces, amours et génies, monture en bronze ciselé et doré.

169 — Deux grandes montres vitrées renfermant deux groupes très importants en ivoire et bois sculpté, l'un représentant l'enlèvement de Proserpine par Pluton, et l'autre saint Michel terrassant Satan.

170 — Deux vitraux, xiii° siècle, l'un contenant cinq médaillons, l'autre trois figures de saints.
171 — Un vitrail suisse à blason, à l'aigle à deux têtes d'Allemagne, 1592.
172 — Un petit vitrail suisse à deux compartiments, sujet tiré de la Genèse.
173 — Un vitrail suisse à blason, date 1547.
174 — Un vitrail suisse, annonciation.
175 — Deux vitraux modernes, sujets saints.
176 — Un vitrail moderne, sujet tiré des guerres de l'empire.
177 — Une statuette en terre cuite, moine, d'après Michel-Ange.
178 — Un groupe en terre cuite, par Marin, offrande à Priape.
179 — Un groupe de jardin en terre cuite, composé de trois petits enfants dont deux se disputent la possession d'un oiseau, finement exécuté dans la manière de Pigale.
180 — Personnage romain assis, en terre cuite.
181 — La paix et l'abondance, deux statuettes en terre cuite.
182 — Deux petites figurines, terre cuite, Cérès et Bacchus.
183 — Un bas-relief, enfants et chèvres, en terre cuite, par François Flamand.
184 — Modèle en cire, figurine, femme tenant une colombe.

185 — Pendule, terre cuite, génie de la peinture.
186 — Les trois grâces, groupe en terre de Lorraine.

3ᵉ VACATION.

Mercredi, 11 décembre.

OBJETS D'OR ET ARGENT, MATIÈRES PRÉCIEUSES, ETC.

187 — Deux couverts en bois et un rond de serviette.
188 — Deux flambeaux en bronze, du XVIᵉ siècle.
189 — Un petit vase et une oreille de la Californie, montée en bronze.
190 — Une boite à thé en palissandre, incrustée de bronze.
191 — Un vase en bronze, imitation d'après l'antique.
192 — Un houka en métal niellé, travail oriental.
193 — Un obélisque en cristal de roche.
194 — Une tasse et soucoupe en cristal taillé diamant, montée en vermeil.
195 — Une écritoire en coquille, monté en argent doré.
196 — Une écritoire en verre, monture en argent doré, flèches, trépieds, etc.

197 — Une petite coupe en agate, monture en argent, émaillée en partie et enrichie de pierres.
198 — Un encrier de poche en écaille, incrusté d'or.
199 — Un brûle-pastille en argent.
200 — Deux petits étuis en argent, forme poisson.
201 — Deux cassolettes en argent, forme baleine.
202 — Deux cuillers et deux fourchettes à manches, figures de folie, en bronze doré, travail du XVIe siècle.
203 — Deux tabatières, l'une en argent et l'autre en cuivre doré, garnies de jaspes et d'agate.
204 — Une tabatière à pans coupés et une autre sans couvercle, forme contournée, en cristal de roche.
205 — Un camée, tête de femme vue de face, sur matière tendre et dure, montée en or.
206 — Un scarabée à plusieurs lignes hiéroglyphiques et un chien couché, en rouge antique.
207 — Un petit flacon en argent, à sujets en relief.
208 — Une tasse à deux anses prises dans la masse et sa soucoupe, et une autre petite coupe ronde en agate oriental.
209 — Une boîte à pans coupés à sujet de chasse, gravée en creux et une boîte à jetons en filigrane d'argent.

210 — Une coupe ronde en agate d'Allemagne, sur piédouche.
211 — Un vase brûle-parfums en argent, travail de Turquie.
212 — Un vase en cristal de roche, forme poisson, monté en argent doré à filigrane, et pierres de couleurs.
213 — Un petit vase en émail bleu, forme bouteille, monté en filigrane d'argent, travail oriental.
214 — Une petite tabatière en porcelaine de Saxe, forme corbeille.
215 — Un gobelet en vermeil, figurant une femme du temps de Henri II.
216 — Une tabatière ronde, en porcelaine de Saxe, médaillon peint, sujet tiré des fables de La Fontaine.
217 — Un sablier, monté en filigrane d'argent.
218 — Un vase forme ronde sur piédouche, taillé à gaudron, et ornements en creux, en cristal de roche, monture en argent.
219 — Un vase forme coquille, gravé en relief, jolie monture du XVI° siècle, en cuivre doré.
220 — Une grande tabatière ronde, en porcelaine de Saxe, fond blanc et fleurs.
221 — Une coquille montée en forme de vase sur piédouche, en argent doré, époque Louis XV.

222 — Une figurine, musicien grotesque, en argent, enrichi de pierreries, doré en partie, sur socle, en cuivre doré.
223 — Un groupe, attributs de guerre, en argent.
224 — Une monture d'escarcelle en acier, ciselé en relief.
225 — Un petit couteau, travail du XVIe siècle, doré en partie et une cassolette, forme tête de mort, en argent.
226 — Un gobelet et son plateau en cristal de roche, finement taillé à facettes.
227 — Un coffret à colonnes torses détachées, en filigrane d'argent.
228 — Un tableau en fer repoussé, combat de cavaliers, travail du XVIe siècle, provenant d'une armure.
229 — Une coupe à huit lobes, en argent repoussé et doré.
230 — Un gobelet à médailles, en argent.
231 — Un vidercome en bambou, à sujet chinois, sculpté en ronde bosse, monté en argent doré, travail du Tonking.
232 — Une tabatière en jaspe héliotrope, montée à cage, en or guilloché.
233 — Une autre tabatière carrée à deux compartiments, en jaspe d'Egypte, montée à cage, en or ciselé, à feuilles de lauriers.
234 — Une bague en or, tête de femme.
235 — Une béquille de canne en jade, gravée en relief, montée en or et enrichie de pierres fines.

236 — Un jonc à béquille en jaspe sanguin, monture en or à ornements bêche rocaille.
237 — Une canne en ivoire à pomme en jaspe, taillée à côte et virole d'or.
238 — Deux cannes en écaille, à pommes posées et piquées, en or. Ces deux cannes pourront être vendues séparément.
239 — Un jonc et une cravache à pommes en or uni.
240 — Deux bambous dont un à pomme chimérique.
241 — Deux cannes, l'une en jonc à pomme d'argent, l'autre à pomme en corne de chamois.
242 — Une petite figurine en marbre blanc, enfant bacchant, signé Martini.
243 — Figure de femme couchée, en marbre blanc.
244 — Deux petites statuettes, enfants satyres, genre Clodion, signé Rigani, 1779.
245 — Buste d'un artiste sculpteur, marbre blanc.
246 — Une grande pendule en marbre blanc sculpté, allégorie, le Temps, l'Amour et Homère; et deux grands candélabres à deux lumières chacun, composés d'une figure de femme, génie assis, en marbre blanc. Ces trois pièces sont montées en bronze, ciselé et doré.
247 — Une chèvre en marbre blanc, sculpté.
248 — Une pendule forme carrée, en marbre noir, mosaïque de Florence, en relief, en pierre dure, fruits, etc.

249 — Deux coupes en malachite, sur socles carrés, de même matière, montées en cuivre doré au mat, époque de l'Empire.
250 — Une coupe ronde en lapis lazuli, supportée par quatre figures chimériques, dorées au mat, sur socle en brèche violette.
251 — Un obélisque en lapis lazuli.
252 — Un obélisque en porphyre, rouge oriental.
253 — Une figure égyptienne, en serpentine.
254 — Une grande coupe ronde sur piédouche et contre-socle en porphyre, rouge oriental.
255 — Une grande coupe forme carrée, à quatre anses prises dans la masse, sur piédouche cannelé.
256 — Un petit monument en marbre blanc, contenant des médailles à la gloire de Bonaparte, et offertes par M. Augusto, en l'an x.
257 — Deux coupes en rouge antique, sur fût de colonne, en granit vert des Vosges.
258 — Deux vases à anses prises dans la masse, en marbre vert antique.
259 — Deux vases forme allongée en porphyre rouge oriental, sur fût de colonne, de même nature.
260 — Deux vases forme Médicis, en porphyre de Suède.
261 — Deux petits obélisques en jaspe jaune.
262 — Une pyramide d'Egypte, en granit.

263 — Quatre bas-reliefs en cire, riches de composition, sujets allégoriques du temps de l'Empire, cadres carrés en bronze, ciselé.
264 — Quatre bas-reliefs en cire, riches de composition, finement exécutés, copiés, d'après l'antique, de frises de combats des amazones et sacrifices.
265 — Deux bas-reliefs en cire, dont un en forme ronde, Jupiter assis et l'autre carré, combat de cavaliers, finement exécuté.
266 — Un cadre ovale en bronze doré et ciselé, époque Louis XV, contenant un albâtre oriental sur lequel est peint, par Degault, en rouge, rehaussé de blanc, la fable du vieillard et ses trois fils.
267 — Une mosaïque ancienne, tête de jeune fille.
268 — Une autre mosaïque de Florence, paysage.
269 — Deux tableaux peints sur lapis lazuli, astronomie et musique.
270 — Deux tableaux en mosaïque de Florence, hippopotame et cerf.
271 — Deux tableaux mosaïque hongrois, matière dure.
272 — Un cadre contenant des échantillons de jaspe et d'agate.
273 — Deux mosaïques de Rome, oiseaux variés de couleur, perchés sur des arbres, cadres carrés en agate jaspé.
274 — Deux modèles d'oiseaux morts, sculpture en plâtre par de Montreuil.

4ᵉ VACATION.

Jeudi, 12 décembre.

BRONZES ET MARBRES.

275 — Un groupe allégorique. La Force et l'Abondance.
276 — Deux bustes d'empereurs, dont Vitellius.
277 — Un buste de Sapho en bronze.
278 — Une statue en bronze 3/4. Le flûteur.
279 — Une statue en bronze. Génie levant les bras au ciel.
280 — Deux bustes en bronze. Alexandre mourant et tête romaine.
281 — Deux bustes d'empereurs romains.
282 — Une statue en bronze 3/4. Apollon.
283 — Une statue en bronze 3/4. L'Hymen.
284 — Une statue. Henri IV enfant. Bronze par Bosio, fondu par Carbonneau.
285 — Un pavillon carré en fonte, porté par quatre colonnes.
286 — Deux bas reliefs sculptés, en marbre, provenant de tombeaux.
287 — Deux bas reliefs en plâtre, sujets de l'histoire romaine, signés Delaville.
288 — Deux vases en marbre blanc à grosse panse, (en partie fracturés).
289 — Deux bustes en marbre blanc. Faune et Bacchante.

290 — Deux gaines carrées en marbre brèche violet et moulure en marbre blanc.
291 — Une statue en bronze, grandeur nature. Germanicus.
292 — Une statue en bronze, grandeur nature. Gladiateur combattant.
293 — Deux bustes de Nègre en marbre de Rapport, sur gaines ornées de cariatides.
294 — Un groupe de trois figures. Les Grâces, sur socle en marbre blanc cannelé.
295 — Une statuette en marbre blanc. L'Amour adulte.
296 — Deux bustes en marbre blanc et bleu-turquin.
297 — Un buste en marbre blanc et bleu. Vitelius.
298 — Un fût de colonne en marbre blanc et bleu veiné.
299 — Un buste. Henri IV, marbre blanc.
300 — Deux fûts de colonne en granit gris des Vosges.
301 — Un buste en marbre blanc. Jeune homme.
302 — Un buste en marbre blanc. Vestale.
303 — Deux fûts de colonnes en marbre. Portor.
304 — Deux bustes en marbre blanc. Faune et bacchante.
305 — Deux fûts de colonne, marbre bleu turquin.
306 — Deux bustes. Julie et Faustine.
307 — Deux fûts de colonne, bleu-turquin.
308 — Deux bustes de femme, dont une couronnée de lauriers.
309 — Deux fûts de colonne en brèche.

310 — Une statue de jeune fille (signé Ramey, Rome, 1819).

311 — Deux bustes. Raphaël et Michel-Ange (signé Fontaine), avec leurs gaines en acajou.

312 — Un groupe, marbre blanc. Castor et Pollux (grandeur nature).

313 — Une statue, grandeur nature, en marbre blanc. La Frivolité (signé Lemaire, Rome 1825), bras rapportés.

314 — Deux bustes, marbre blanc. Faune et Bacchante.

315 — Deux bustes, marbre blanc, époque Louis XV, Cérès et jeune homme.

316 — Deux bustes. Faune et Bacchante, marbre blanc.

317 — Une génisse couchée sur contre-socle en marbre bleu turquin et socle à tablettes, marbre blanc.

318 — Un groupe, marbre blanc. Milon de Crotone, d'après le Puget, sur socle plaqué marbre rouge de Flandre.

319 — Un buste. Apollon du Belvédère (forte proportion), marbre blanc.

320 — Un buste de vieillard coiffé, idem.

321 — Une statue, grandeur nature. Vénus-Callipige, marbre blanc.

322 — Deux fûts de colonnes cannelées, marbre blanc veiné.

323 — Une statue, grandeur nature. Vénus de Médicis (doigts fracturés), marbre blanc.

324 — Deux bustes de forme colossale. Ajax et Jupiter Cérapis, marbre blanc.
325 — Un masque colossal. Tête de Méduse, idem.
326 — Deux vases forme Médicis, anses prises dans la masse, panses sculptées. Sacrifice d'Iphigénie et bacchanale, marbre blanc.
327 — Deux fûts de colonne en granit vert des Vosges.
328 — Une statue, grandeur nature. Offrande.
329 — Une statue 3/4. Pallas de Vellétry.
330 — Un buste en plomb, sur pied douche en marbre.
331 - Deux gaînes. Marbre. Brocatelle d'Espagne.
332 — Un groupe d'enfants. Travail époque de Louis XIV, marbre blanc.
333 — Deux bustes, dont un empereur romain (fracturés), marbre blanc.
334 — Deux fûts de colonne en marbre. Isabelle sur embase, marbre blanc sculpté.
335 — Une grande coupe. Borghèse, marbre jaune, anses prises dans la masse, sur piédestal carré en marbre blanc.
336 — Vénus accroupie, grande nature, marbre blanc (doigt rapporté).
337 — Un grand bas relief, marbre blanc. Noces de Thétis.
338 — Un modèle de temple, sur socle en bois et plâtre.
339 — Deux fûts de colonne en brèche.

340 — Un vase en albâtre sur carré en marbre vert antique.
341 — Une statue (grandeur nature). Mercure, (signé Alberti), marbre blanc.
342 — Un buste de Pallas de Velletrie, sur fût en bois peint, marbre blanc.
343 — Une figure. Vénus couchée, grandeur naturelle, attribuée à Canova, sur socle plaqué, en marbre vert de mer, provenant du cabinet Aguado.
344 — Un buste de Flore, marbre blanc.
345 — Un fût de colonne, marbre brèche et moulures, en vert antique.
346 — Statue grandeur nature. Statue se reposant sur une corne d'abondance (signé Fortin, 1819), marbre blanc.
347 — Un vase, forme Médicis, à panse sculptée à chimères et fracturé, marbre blanc.
348 — Deux fûts de colonne en stuc.
349 — Deux bustes en marbre, figures grotesques, style Louis XIV.
350 — Un buste colossal. Virgile sur fût de colonne en marbre veiné.
351 — Un buste de femme couronnée de fleurs, sur piédouche, en marbre vert d'Egypte.
352 — Un buste de Socrate, marbre blanc.
353 — Deux fûts de colonne en marbre gris veiné.
354 — Une statue de grandeur nature. Hébé, d'après Canova (mutilée). Piédestal en stuc.
355 — Deux fûts de colonne, granit oriental.

356 — Jupiter et Léda. Beau groupe de forte proportion, par M. Etex et signé par lui, avec la date de 1830 (sur socle en stuc).
357 — Les lutteurs. Beau groupe en marbre blanc, d'après Jean de Bologne (il est fracturé), avec socle en stuc.
358 — Un grand guéridon en bronze à dessus de mosaïque d'échantillons de marbre.
359 — Un groupe en plâtre représentant l'empereur Napoléon soutenu par Minerve, devant lui la Renommée.
360 — Deux bustes d'empereurs romains, avec draperies en marbre de rapport.

5e VACATION.

Le Vendredi 13 Décembre

MARBRES ET BRONZES.

361 — Deux bustes en marbre blanc et bronze, Apollon et Minerve sur colonne en marbre noir, casque écorné.
362 — Une statue grandeur plus que nature, Antinoüs sur fut en pierre de taille.
363 — Une statue grandeur nature, Cérès sur socle en pierre.
364 — Deux bustes d'hommes, enfants de Laocon sur fut marbre noir.

365 — Deux bustes bronze et marbre, sur fut en marbre blanc, Socrate.
366 — Un groupe marbre blanc.
367 — Un guéridon marbre blanc cannelé le dessus en brèche fracturée.
368 — Une statue colossale, Hercule aux Hespérides, fracturée sur socle en marbre à tablettes.
369 — Deux bustes en marbre blanc dont Léonard de Vinci.
370 — Deux colonnes marbre brèche.
371 — Une statue, femme drapée sur socle en pierre.
372 — Deux bustes, empereurs romains, Marc-Antoine et Caligula. Marbre blanc.
373 — Un groupe en marbre blanc, épisode du Massacre des Innocents.
374 — Deux vases en marbre blanc à grosse panse et anses à dauphins sur socle en pierre.
375 — Une statue grande nature, Vénus de Médicis, doigt fracturé.
376 — Deux bustes de bacchantes, sur socles en pierre.
377 — Deux bustes, empereurs romains (fortes proportions). Marbre blanc.
378 — Deux statuettes marbre blanc. Vénus Callipyge et Antinoüs.
379 — Une fontaine marbre blanc surmontée d'une statue en marbre blanc, Neptune.
380 — Une statue en marbre blanc, Diane chasseresse.

381 — Un groupe en marbre blanc, éducation de Bacchus.
382 — Psyché, grandeur naturelle, socle en pierre.
383 — Deux bustes en marbre blanc, dont Marc-Aurèle.
384 — Deux colonnes en brèche à chapiteaux, sculptées en marbre blanc dont un fracturé.
385 — Un guéridon en marbre à trois colonnes.
386 — Une statue, grandeur naturelle, Apollon du Belveder (main rapportée), sur socle en marbre blanc, avec lyre en relief.
387 — Deux vases Médicis à anses, à bas-relief, fracturés.
388 — Deux autres vases, sujet bacchanal, fracturés.
389 — Deux autres, même forme, plus grands, fracturés.
391 — Deux grands vases très riches de sculpture, forme gracieuse à bas-relief, sujets de chasse époque Louis XIV.
392 — Quarante vases, forme Médicis, unis et cannelés. Cet article sera divisé.
393 — Un méridien en bronze sur socle en marbre blanc.
394 — Quatre grandes coupes en bronze à anses, serpents enlacés et masques de la comédie en haut-relief d'après l'antique. Cet article sera divisé.

Les socles en marbre blanc à plaques seront vendus avec les vases.

395 — Un groupe, grandeur naturelle, bacchante et satyre, signé Bernini, fracturé sur socle marbre blanc.

396 — Un groupe marbre blanc, femme, enfant et dauphin, époque Louis XV.

397 — Une statue, femme couchée appuyée sur un rocher (signé Lemoine à Rome 1821), socle marbre.

398 — Un groupe marbre blanc, sculpté, Vénus corrigeant l'Amour, style Louis XV sur socle en marbre.

399 — Un groupe marbre blanc, Bacchus et Ariane, (doigt cassé) sur socle, marbre bleu.

400 — Deux figures égyptiennes en marbre blanc, Turquin sur fûts en même marbre, cannelé.

400 bis. — Une statuette, bacchante dansante, d'une belle pose et bonne exécution, en marbre blanc.

401 — Une statuette en marbre blanc, jeune bacchante s'appuyant sur un ceps de vigne, un thyrse à la main.

402 — Une statuette, Faune, flûteur. Marbre blanc.

403 — Une statuette, Hébé. Marbre blanc.

404 — Une statuette en marbre blanc, Apollon (deux doigts fracturés).

405 — Deux petits bustes en marbre blanc, têtes barbues sur colonnes en marbre à veines rouges.

406 — Deux petits vases en marbre blanc à bas-relief, anses bronze doré, sur colonne marbre rouge.
407 — Un trépied en rouge, antique, sculpté à cannelures et bas-relief à thyrse, têtes et griffes de lion sur socle, en marbre blanc, orné de plaques en porphyre oriental, rouge et vert.
408 — Deux vases à anses prises dans la masse en marbre, petit antique.
409 — Deux vases forme ovoïde en granit orbiculaire de Corse.
410 — Une grande et belle coupe sur piedouche serpentin, vert oriental.
411 — Une coupe ronde sur piedouche en marbre, brèche violette à anses, serpents enlacés pris dans la masse, sculptée à l'intérieur et à l'extérieur.
412 — Deux petits vases forme Médicis, en granit vert des Vosges.
413 — Deux autres plus petits.
414 — Deux colonnes en granit vert oriental montées en bronze doré, sur socle en griotte d'Italie.
416 — Une colonne et un obélisque en marbre rouge antique.
417 — Un temple forme ronde à colonnes et mascarons, coupole de marbre de natures diverses, porphyre, rouge oriental, granit rose d'Égypte et jaune antique avec bas-relief en bronze, signes du zodiaque.

418 — Deux vases en marbre blanc, forme Médicis à bacchanal d'enfants et mascarons, têtes de lions soutenant des guirlandes sculptées à bas-relief.
419 — Un vase en marbre blanc forme ovoïde à anses prises dans la masse, figurant des satyres pressant du raisin et des nymphes dansantes sculptées en bas-relief sur la panse.

6ᵉ VACATION.

Le Samedi 14 Décembre.

OBJETS DIVERS.

420 — Une grande bibliothèque de Boule, cuivre sur écaille à deux venteaux à jours, garnis de quatre glaces.
421 — Une glace de Venise carrée, à fronton, cadre orné d'appliques en glaces.
422 — Un grand coffre carré en laque burgotée, à ornements à feuillages, et Indiens montés sur des éléphants. Ce coffre repose sur une console en bois sculpté et doré en partie, à pieds formés de cariatides, satyres.
423 — Une console en bois doré à tablette en granit rose d'Egypte.

424 — Une autre petite console, bois doré à tablette en porphyre rouge oriental.
425 — Deux consoles sculptées et dorées, à faisceaux, à tablettes porphyre vert oriental.
426 — Deux tables à quatre faces à pieds tournés et dorés à tablette en marbre veiné.
427 — Une étagère en acajou, à dessus en mosaïque formé d'échantillons de marbre et lapis.
428 — Un guéridon en acajou et bronze doré, sur trois pieds cannelés, à dessus de marbre blanc à incrustations de mosaïque de Florence, paysages et entourage, grecque noire.
429 — Un grand guéridon rond en bois bronzé, à dessus en granit vert des Vosges.
430 — Un autre, avec dessus en marbre Portor.
431 — Un autre en acajou, forme octogone à dessus de mosaïque formant rosace en marbre de diverses natures.
432 — Une momie égyptienne, dans une cage en bois de noyer vitrée.
433 — Trois chaises et un tabouret en bois sculpté. Ce lot sera divisé.
434 — Un canapé, deux fauteuils, quatre grands tabourets et deux tabourets de pied, le tout en bambou foncé de cannes.
435 — Un grand vase en bronze, forme ovoïde à sujets génies, supporté par un socle orné de bas-reliefs et de figures allégoriques.

436 — Quatre grands candélabres en fer fondu. Enfants supportant des bouquets et posés sur des trépieds à ornements.
437 — Quarante coupes et vases étrusques et grecs peints de diverses formes, seront divisés sous ce numéro.
438 — Un grand cadre doré, contenant seize bas-reliefs en bronze.
439 — Deux figures chinoises, mandarin et mandarine en costume de soie, sur socles en bois peint.
440 — Une table en acajou, à dessus de marbre veiné.
441 — Deux colonnes en marbre brocatelle.
442 — Une colonne en marbre rouge à chapiteaux, et soubassement en marbre jaune.
443 — Une autre colonne en marbre veiné.
444 — Deux meubles à hauteur d'appui, à un ventail en ébène sculpté à bas-relief et à pilastres surmontés de cariatides d'hommes barbus, à dessus tablette en marbre blanc.
445 — Deux grands candélabres en bois, à colonne cannelé et dorée.
446 — Deux torchères sur trépieds en bois sculpté, modèle antique.
447 — Deux autres torchères en marbre blanc sculpté, satyre et nymphe dont les pieds se terminent en forme de serpents enlacés.

448 — Un groupe en marbre blanc, fracturé l'éducation de Bacchus.
449 — Deux bustes en marbre blanc. Satyre e tête de guerrier romain.
450 — Un buste antique, Jupiter.
451 — Deux petits bustes, Mercure et Minerve.
452 — Deux fûts de colonnes cannelées, marbr blanc.
453 — Un tombeau antique romain, orné de sculp ture en bas-relief.
454 — Une figure de femme couchée, provenan d'un tombeau antique, avec inscription
455 — Deux pierres tumulaires à bas reliefs; dot une à inscription grecque.
456 — Un tombeau en marbre jaune, sur socle e marbre blanc, et contre-socle en gran rose d'Egypte.
457 — Un petit tombeau égyptien à sujet sculpt en relief, composé de marbres divers.
458 — Un tombeau des Scipion, marbre brèche.
459 — Dix bustes sculptés en bas-relief (seroi vendus séparément sous ce numéro).
460 — Un grand bas-relief, Sainte-Madeleine.
461 — Neuf petits bustes en marbre jaune antiqu sculpté en bas-relief, et applique sur fo marbre blanc. Personnages célèbres (l'antiquité.
462 — Deux vases contenant des fleurs sculpté en ronde-bosse sur marbre blanc.
463 — Trois frises à ornements divers sculpté bas-relief à rinceaux.

464 — Un bas-relief antique, représentant les vendanges. Marbre blanc.
465 — Deux bas-reliefs du xvi° siècle, en terre cuite à ornements.
466 — Deux grands bas-reliefs en bois sculpté figurant des esclaves agenouillés.
467 — Une frise en terre cuite, sujet saint du xvi° siècle.
468 — Plusieurs modèles de temple, bas-relief et figures en plâtre.
469 — Cinquante socles en marbres divers, seront vendus par lots sous ce numéro.
470 — Quarante-trois miniatures seront vendues sous ce numéro.

7° VACATION.

Le Lundi 16 Décembre

ARMES.

471 — Un paquet de flèches japonaises, un casse-tête à silex, une paire de sandales et un peigne.
472 — Deux casse-tête et une sagaie des Indiens de l'Amérique du Sud, un arc en bois de fer et trois flèches.
473 — Un panier en vannerie, une paire de sabots et deux casse-tête.
474 — Un arc en bois de fer et cinq flèches.

475 — Deux poignards malais.
476 — Deux épées chinoises, fourreaux en écaille.
477 — Un petit canon, une charge albanaise en cuivre, et deux lames, dont une malaise, et un sac à plomb.
478 — Trois petits poignards en fer fondu.
479 — Deux pistolets d'arçon, canon évasé.
480 — Une espingole fabrication anglaise, canon cuivre, à baïonnette.
481 — Une autre semblable à la précédente.
482 — Deux épées de cour en acier, et une lame.
483 — Une épée taillée en pointe de diamant, en acier.
484 — Deux sabres de cavalerie, un français et un anglais.
485 — Un sabre d'officier général, époque de la première république, poignée cuivre doré.
486 — Deux masses d'armes en fer fondu.
487 — Une hache d'arme, idem.
488 — Une masse et un marteau d'arme anciens.
489 — Un poignard et ses couteaux, fourreau, ornements en relief, fer fondu, fabrication moderne.
490 — Une paire de pistolets à silex, à un coup, monture bois sculpté, canon par Heintz.
491 — Une paire de pistolets à silex, à deux coups, Wilson, fabrique anglaise.
492 — Une idem, Raux à Maubeuge.
493 — Une idem pistolets de tir à un coup, fabrique d'Essex.
494 — Une idem, fabrique de Hautbois à Blois.

495 — Deux pistolets de poche à un coup, monture en bois sculpté, manufacture de Versailles, dans leur boîte en palissandre.
496 — Un fusil de chasse à deux coups, à silex, garni en argent, canon de Pochard à Paris.
497 — Une idem à piston et à système se chargeant par la culasse.
498 — Un casque morion gravé, travail ancien.
499 — Un casque circassien à côtes en acier uni.
500 — Un casque dit salade, en fer, à pans coupés.
501 — Un autre casque à visière d'une jolie forme, richement gravé.
502 — Un casque morion en fer peint et doré.
503 — Une carabine à rouet à pied de biche et bois richement incrusté d'ivoire et nacre de perle gravé.
504 — Une arbalète en fer à sujet de chasse et rinceaux ciselés en relief.
505 — Un grand bouclier ombilical en fer gravé, travail moderne.
506 — Une épée à lame de Tolède, avec inscription.
507 — Une épée de chevalier en fer, poignée à ornements dorés.
508 — Un autre idem.
509 — Une paire de gantelets en fer uni.
510 — Deux poignards, dont un malais, l'autre dit main gauche.
511 — Une pertuisane gravée et dorée.
512 — Deux hallebardes à ornements à jour.

513 — Deux hallebardes.

514 — Une grande pertuisane.

515 — Un brassard, travail oriental en cuivre repercé, à jour, ciselé et doré.

516 — Un mannequin habillé en costume albanais.

517 — Deux autres mannequins recouverts d'armures, en cotte de maille, casque et poitrinal et brassard en damas, à ornements damasquinés or. Ces deux pièces pourront être vendues séparément.

518 — Deux figurines de chevaliers armés de toutes pièces en bronze ciselé, argenté et doré en partie.

519 — Deux lances japonaises à hampe laquée.

520 — Un joli petit modèle d'armure complète de chevalier, acier poli, doré et gravé.

521 — Une armure de chevalier en fer gravé et doré, casque à visière.

522 — Modèle équestre d'un chevalier armé de toutes pièces, et cheval caparaçonné en fer poli et ornements gravés et dorés.

523 — Deux étendards en soie dorée et leur hampe.

524 — Une rondache en damas damasquiné or.

525 — Un bouclier ombilical et à pointe en damas à dessins damasquinés or.

526 — Un casque circassien à inscriptions arabes, damasquiné or, garni de son camail.

527 — Une lance à hampe garnie d'argent.

528 — Un carquois contenant trois javelots, recouvert en velours et garni en argent. Travail oriental.

529 — Un marteau d'arme en damas à ornements damasquinés or.

530 — Un autre marteau d'arme damasquiné or et hampe garnie en argent.

531 — Une masse d'arme. Travail oriental, dessins damasquinés or, hampe garnie en argent.

532 — Un poignard indien. Lame damas, poignée richement damasquinée d'or.

533 — Une petite poire à poudre et sa baguette. Travail oriental en acier damasquiné d'or.

534 — Un grand et beau sabre du Mogol. Lame droite, poignée et fourreau en argent, le croisellin est orné de têtes de dragons.

535 — Un sabre persan à lame recourbée, fourreau garni en argent et poignée richement ciselée en relief, de même en argent.

536 — Un yatagan. Fourreau garni en argent, poignée en ivoire montée en argent niellé.

537 — Poignard persan. Lame damas, fourreau et poignée entièrement émaillés, fond blanc et fleurs richement variées de couleurs.

538 — Un couteau persan. Poignée ivoire peinte en rouge, montée en filigrane d'argent.

539 — Un grand couteau persan. Lame damas, manche en corne de rhinocéros monté en acier damasquiné or.

540 — Un yatagan circassien. Fourreau et poignée en cuivre repoussé; et un petit poignard fourreau et poignée cuivre repoussé.

541 — Une épée d'officier supérieur (Louis XVI). Poignée en acier ciselé damasquiné or; la poignée, artistement faite, se déploie pour former à volonté poignée d'épée ou de sabre.

542 — Un couteau de chasse (Louis XV) garni d'argent.

543 — Un autre, fabrication moderne, garni d'argent.

544 — Deux grandes haches d'abordage.

545 — Deux étriers anciens en fer, travail oriental à cloutage d'argent et à filet.

546 — Deux marteaux d'arme en fer uni.

547 — Deux masses d'armes en fer uni.

548 — Un ancre et un petit marteau d'arme en fer.

549 — Deux lances et deux flèches.

550 — Un hausse-col en fer repoussé.

551 — Une paire de gantelets et deux autres pièces en mailles d'acier.

552 — Une cotte en mailles rivées.

553 — Une autre cotte de maille.

554 — Un fusil à système mécanique.

555 — Un fusil et une carabine à silex.

556 — Un fusil albanais en bois incrusté.
557 — Une petite hallebarde et un petit fauchard au blason allemand.
558 — Une épée suisse à lame flamboyante.
559 — Une autre à lame droite.
560 — Une lance se déployant à trois lames
561 — Deux petits canons sur affûts en bois, pouvant être vendus séparément.
562 — Un autre plus petit affût en cuivre, canon à ornements en reliefs, blason de France.
563 — Un petit mortier à blason et inscription 1715, et un boulet de canon.
564 — Une petite couleuvrine en cuivre à figures en relief, travail du dix-septième siècle, enclouée.
565 — Une masse d'arme à pointes, en bois incrusté d'ivoire, contenant dans sa hampe un canon de pistolet et à sa pointe une cartouchière. Travail du seizième siècle.
566 — Une épée d'officier (Empire), poignée garnie en argent.
567 — Un petit couteau de chasse garni en argent et son ceinturon brodé en fin.
568 — Une poire à poudre en vache marine garnie en argent.
569 — Deux poires à poudre en corne montées en argent.
570 — Une paire d'éperons, fer plaqué argent.

571 — Un sabre à lame recourbée, damas, monture en fer.
572 — Un poignard malais, poignée corne de rhinocéros, tête de dragon sculptée.
573 — Sous ce numéro seront vendus les objets qui n'auront pas été catalogués.

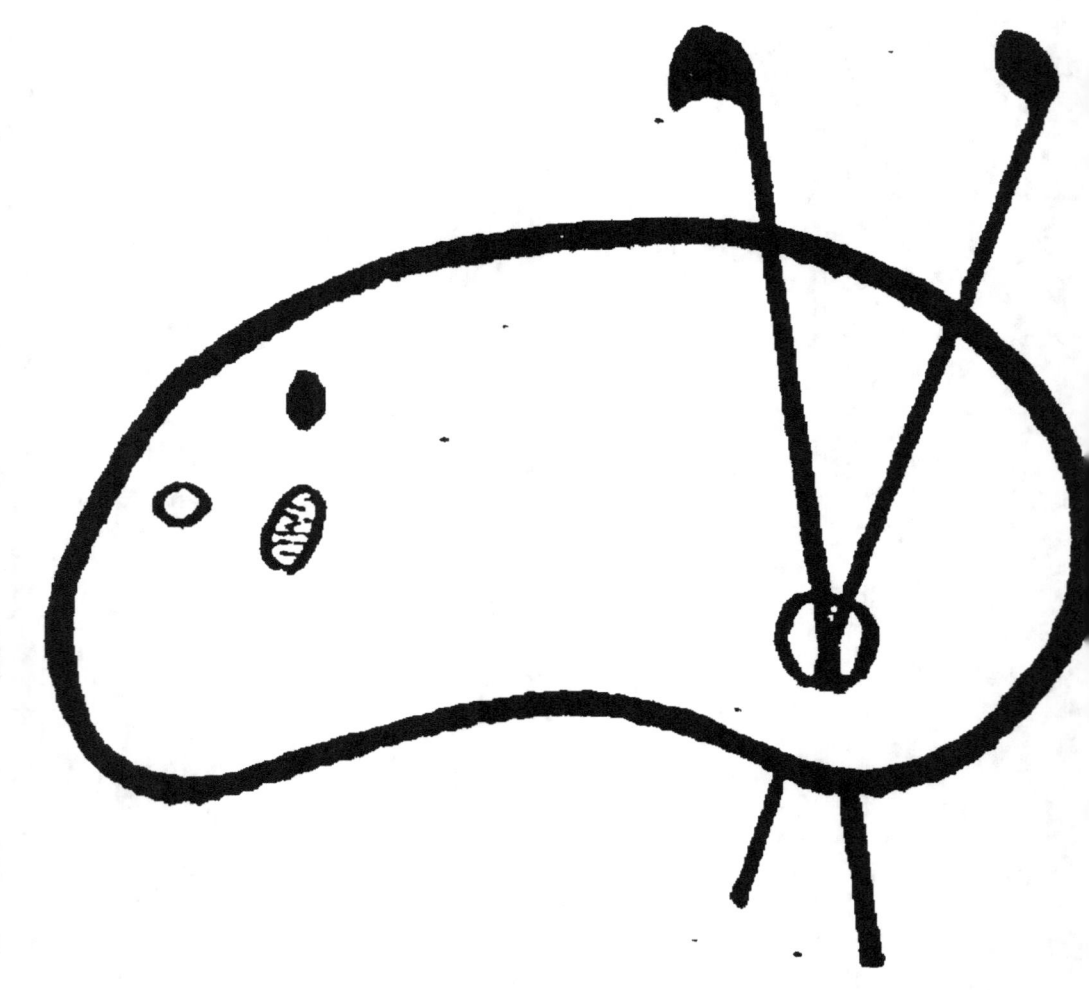

ORIGINAL EN COULEUR
NP Z 63-120-3

www.ingramcontent.com/pod-product-compliance
Lightning Source LLC
Chambersburg PA
CBHW030053230526
45471CB00003B/1080